SUPERAÇÃO

Reflexos educacionais, sociais e psicológicos pós-pandemia no Ensino Superior

Organizado por

Sandro Souza

Autor:
MARLENE RIBEIRO MARTINS
Mestre em Psicologia

Prefácio por Sandro Souza
Especialista em Metodologia do Ensino Superior
Especialista em Gestão de Pessoas & Coaching
Especialista em Bilinguismo
Formador de Professores

SANDRO SOUZA
DESENVOLVENDO PESSOAS POSITIVAMENTE
/sstreinamentosoficial | sstreinamentos_oficial | sstreinamentos.com

Este livro é dedicado a:

Todos aqueles que compreendem que a vida é um grande palco do processo de ensino e aprendizagem, cujos protagonistas são os aprendentes e os mediadores são os professores. O conteúdo passa a ser o elemento da mediação. A estratégia passa ser a abordagem adequada ao conteúdo. Logo, a todos aqueles que perceber a beleza do aprender e ensinar este livro orienta, guia e norteia de maneira prática um processo tão complexo em sua teoria e tão rico em sua prática. Todos aqueles que acreditam que é Educar é Inovar, diariamente, para proporcionar uma educação contextualizada e significativa.

"É fazendo que se aprende a fazer aquilo que se deve aprender a fazer." - Aristóteles

SUMÁRIO

PREFÁCIO

"A alegria que se tem em pensar e aprender faz-nos pensar e aprender ainda mais." - Aristóteles

Ensinar é uma arte, um ofício. E, como tal, requer um artista à frente do processo: este é o Educador. O Educador, em sua sensibilidade, descobre o momento certo para aplicar conteúdos que sejam significativos, contextualizados e conceituais para que o processo de ensino e aprendizagem se torne a base sólida para o autodesenvolvimento humano.

Aprender é uma arte, um ofício. Então, o que diferencia o Aprender do Ensinar? Simples. Pense em uma gangorra onde, em um momento, um está em cima e o outro está embaixo. Para que a gangorra ganhe funcionalidade e proporcione alegria, este movimento contínuo torna-se fundamental. No entanto, movimentos bruscos podem causar medo. Enquanto movimentos lentos podem causar tédio. Então, para proporcionar alegrar é fundamental alinhar-se ao ritmo e à velocidade de cada um. Da mesma maneira é o Aprender e o Ensinar.

Inovar é uma arte, um ofício. O que é inovar? Inovar é usar da iteração de Aristóteles para buscar a excelência. E, aqui, é fundamental compreender que excelência não tem a ver com perfeição. Excelência é resultado de iteração. Enquanto perfeição é a busca contínua dentro de si mesmo do melhor uso de suas habilidades e competências. Aristóteles é muito claro ao mostrar o perfeito equilíbrio entre o aprender e o ensinar que nada mais é do que o uso da prática, o fazer.

Buscar é uma arte, um ofício. O buscador é o ser incansável em sua jornada pela descoberta. E, nesta jornada é que o processo de se alimenta e se retroalimenta. Não há aprendizagem sem busca. Não há ensino sem buscador. Este equilíbrio é fundamental para iniciar o movimento da gangorra.

A aceitação é momento, é um processo, é um caminho para a contínua descoberta. Aceitar é, primeiramente, ouvir, escutar, sentir, acreditar e receber. Aceitar é, além disso, muitas outras coisas. Só não é resignar-se. Aceitar é ter a humildade de reconhecer que "Só sei que nada sei". É abrir-se para o novo. É abrir-se para soluções. É abrir-se para a mediação de conflitos. É abrir-se para a aprendizagem.

A aceitação é movimento. Aceitar não é estagnar-se. Ao contrário, aceitar é preparar-se para um movimento cada vez mais assertivo. Um movimento de conexão. Um movimento de reconexão. Um movimento de fazer parte. Este senso de pertencimento estimula, sobremaneira, a vontade humana de comprometer-se, engajar-se, assumir a responsabilidade e novos caminhos para solucionar velhos problemas que, de tempos em tempos, tornam-se cada vez mais perceptíveis.

Correr riscos é buscar uma nova forma de fazer as mesmas coisas ou ainda uma velha forma de fazer novas coisas. E é neste paradoxo que a educação acontece. Sua jornada maravilhosa alinha-se na convergência e cresce na divergência. E neste vai e vem, um movimento de cocriação se desenvolve.

Este livro **SUPERAÇÃO**: *Reflexos educacionais, sociais e psicológicos pós-pandemia no Ensino Superior é um roteiro de viagem educacional que tem como guia a Mestre em Psicologia Marlene Ribeiro Martins que em linguagem simples, direta e prática apresenta a magia da educação em sua essência.*

Sejam todos bem-vindos a esta maravilhosa viagem! Apertem os cintos, pois já vamos decolar! Sucesso a todos!

Sandro Souza

Imagem de Gerd Altmann por Pixabay

1. INTRODUÇÃO

"Ensinar exige risco, aceitação ao novo e rejeição a qualquer forma de discriminação." - Paulo Freire (2008, p. 35)

Este trabalho discute os efeitos do isolamento social na escolarização de universitários e professores por causa de uma pandemia mundial, que teve início na China no final de 2019 e afetou as escolas brasileiras em meados de 2020. Presidentes de todos os países, já haviam tomado medidas quanto ao fechamento das escolas para o bem estar das crianças e dos jovens, e como medida de contenção todos os estados brasileiros também o fizeram. Os poucos levantamentos e estudos que se têm até o momento acerca deste assunto demonstram que este isolamento dos estudantes do ambiente escolar causou um efeito positivo na evolução da epidemia, principalmente na redução do pico da doença, entretanto, pode também acarretar alguns impactos na escolarização destes discentes no médio e longo prazo, principalmente daqueles alunos que não estavam preparados social, econômica, culturalmente para uma mudança tão radical, na forma de estudar, que provavelmente são os estudantes mais vulneráveis.

A pandemia colocou-nos à frente de situações educacionais complexas e complicadas, que nos levou a inverter certos comportamentos, como, considerar o celular, que era inimigo na sala de aula, uma ferramenta fundamental para o novo formato de ensinar e aprender. Duran (2020) publicou no jornal da Universidade de São Paulo uma reflexão acerca de alguns aspectos educacionais desta complexidade educacional. A autora relata que não se trata de defender ou acusar, mas é necessário reconhecer que a exclusão digital compromete o desenvolvimento cognitivo, o que nós encontramos neste período, deixando visível que a educação online está longe dos alunos mais carentes e "o letramento digital continua a ser, portanto, um desafio político, social e pedagógico" (2020, p. 1). Vários aspectos são importantes neste processo de educação online nestes tempos de educação remota, como, interatividade, responsabilidade, ubiqüidade (onipresença), simplicidade.

Neste sentido, é fundamental repensar a educação atual e seu preparo com século XXI e com a era tecnológica, quanto estamos preparados e educando nossos alunos para essas novas necessidades, que com esta pandemia tornaram-se praticamente de sobrevivência. Não é mais possível separar educação de outros aspectos da nossa vida, isto é, nunca foi, entretanto, essa necessidade tem-se intensificado.

Na área da educação, muitas instâncias sofrerão mudanças, inclusive o ensino superior, e mesmo que à princípio pareça que uma instância educacional não interfira na outra, elas são interdependentes, ou seja os efeitos positivos ou negativos na educação básica refletirão no ensino superior. Desde que começou a pandemia mais de 1,6 bilhão de alunos jovens e crianças estão sem aulas no mundo todo (UNESCO, 2020), o que pode causar danos irreversíveis para as questões educacionais, sociais, políticas, econômicas e outras. A continuidade da pandemia e por conseqüência do isolamento social e escolar repercutiu de forma dramática aos estudantes universitários, e revelou uma dura realidade, a de que muitos alunos da educação básica tinham muito restrito às ferramentas digitais necessárias para o bom acompanhamento das aulas e não houveram ações efetivas que facilitassem esse acesso. O Ministério da Educação limitou-se autorizar o ensino à distância, por meio das tecnologias digitais (BRASIL, 2020), o que seria impossível para um bom número de alunos que não possui internet ou possui internet ruim, já no ensino superior essa realidade é um pouco diferente, a preocupação maior foi com o processo ensino-aprendizagem, com a relação professor-aluno, com os conflitos, com as questões problematizadoras do processo, com as resoluções de problemas e com outras questões desta natureza. Um dos mais desafiantes, sem dúvida, foi o processo ensino-aprendizagem.

O objetivo geral deste estudo foi analisar a relação professor-aluno, no que tange às metodologias, dificuldades, facilidades, ganhos e perdas. E os objetivos específicos foram identificar elementos dificultadores e facilitadores e estratégias de ações.

Todos nós percebemos desde o início da pandemia que viveríamos momentos de grandes tensões e conflitos, pelas mudanças repentinas impostas e pelo despreparo para uma nova forma de trabalho pedagógico. Nossa inquietação focou-se em como poderíamos aproveitar esta experiência de ensinar e aprender de forma diferente para nos desenvolvermos mais? E vários outros questionamentos foram fundamentais para que nos esforçássemos em melhorar cada vez mais, como, que outras estratégias tínhamos a nosso dispor? Como os discentes poderiam colaborar mais? O que os alunos estavam aprendendo com esta nova forma de estudar? Surgiram questões pessoais, emocionais, sociais durante a caminhada?

E para responder estes questionamentos, utilizamos o que a nossa proposta pedagógica no presencial já utilizava, o diálogo, que é como relatam Freire, Shor: "uma comunicação democrática, que invalida a dominação e reduz a obscuridade, ao afirmar a liberdade dos participantes em refazer sua cultura" (2008, p. 123). Assim, a relação dialógica entre sujeito-mundo-conhecimento possibilita uma aprendizagem crítica e amorosa, proporcionando a humanização do processo e consequentemente dos participantes, pois nem todos os alunos estavam preparados tecnologicamente e emocionalmente para a aprendizagem remota. Vários autores relatam a importância de uma educação humanizadora, pois o ensino humanizado se forma segundo o saber e o fazer dos discentes, alcançando avanços e um melhor desenvolvimento cognitivo, físico, social e emocional (FREITAS, 2018), o que para esses alunos, que estavam acostumados com a presença física do professor e dos colegas de sala faltava muito no início do isolamento.

Um processo prioritário educacional humanizado e humanizador nos leva à necessidade de rever os métodos sempre que necessário, os procedimentos pedagógicos, que às vezes restringem nossas ações educacionais à questão cognitiva, entretanto, não podemos esquecer que nossos alunos são seres humanos e como tais não são somente intelectuais, mas também emocionais e sociais e essas questões trazem implicações no processo ensino-aprendizagem. Assim:

> Ao contrário do que propõe a tradição intelectualista do ensino, uma pedagogia inspirada na psicogenética walloniana não considera o desenvolvimento intelectual como a meta máxima e exclusiva da educação. Considera-a, ao contrário, meio para a meta maior do desenvolvimento da pessoa, afinal, a inteligência tem status de parte no todo constituído da pessoa. (GALVÃO, 2008, p. 89)

Portanto é importante, sempre que necessário flexibilizarmos para atender as necessidades dos alunos conforme as mesmas vão surgindo, para atingir uma evolução na aprendizagem dos mesmos.

Para dar continuidade ao mesmo nível de qualidade que tínhamos no presencial, sabíamos que não bastava ensinar, mas era necessário que o ensino fosse significativo. Vários pesquisadores discutem o quão fundamental é que a aprendizagem seja significativa. Ausubel apresenta esta aprendizagem como um processo no qual uma nova informação estabelece relação com algum aspecto importante da estrutura do conhecimento da pessoa aprendente, estabelecendo uma interação (AUSUBEL, NOVAK, HANESIAN, 1980).

Para que essa aprendizagem torne-se significativa é fundamental a participação do aluno no processo e neste período atual de pandemia, momento que a relação professor-aluno teve que ficar mais próxima possível e bastante colaborativa, foi também a oportunidade de experimentar teorias tão discutidas na sala de aula e que não tinham sido oportunizadas efetivamente. O ensino superior é um grande laboratório científico de discussões teóricas, mas também de muitas práticas e um dos experimentos mais propícios foi a oportunidade do uso das metodologias ativas e da sala de aula invertida, que é um dos formatos de educação híbrida de maior sucesso da atualidade. Bem de acordo com a nossa necessidade e segundo Matos (2018), esta parceria metodológica, permite ao professor oferecer o conteúdo quase que totalmente online e dando a oportunidade ao aluno de respeito ao seu ritmo e nos encontros com o professor acontecerá o uso deste conteúdo que então o aluno já terá feito uma pesquisa prévia, uma leitura, um estudo, uma atividade, algo que tenha permitido o mesmo ter um primeiro contato com o conteúdo. A utilização deste material ocorre por meio de metodologias ativas de aprendizagem, os alunos trazem para a aula o entendimento, as dúvidas, os problemas, as soluções de problemas, por isso tem esse nome de sala de aula invertida, a aula acontece em casa e as tarefas e os problemas são resolvidos na sala, no grupo,com o professor intermediando, facilitando o processo.

Mas o que é exatamente sala de aula invertida?

> Basicamente, o conceito de sala de aula invertida é o seguinte: o que tradicionalmente é feito em sala de aula, agora é executado em casa, e o que tradicionalmente é feito como trabalho de casa, agora é realizado em sala de aula. (BERGMANN; SAMS, 2016, p. 11)

Outra questão importante relacionada às estratégicas que surgiu foi como manter a motivação desses alunos que estavam acostumados com um modelo presencial, tinham feito uma opção pelo presencial e estavam obrigados a fazerem o ensino superior remotamente. Primeiramente, era necessário saber o que aquilo significava, isto é, o que era esse ensino, o que nas palavras de Hodges et al. (2020, p. 3), o "ENSINO REMOTO EMERGENCIAL (ERE) – Caracteriza-se pela adaptação das aulas presenciais, utilizando tecnologias de informação e comunicação (TICs) para estabelecer uma comunicação síncrona com os alunos". A partir daí, a opção que surgiu foi fazer mudanças para buscar um dinamismo maior, por isso o uso das metodologias ativas. Associando com a sala de aula invertida é possível com a prévia de um conteúdo propor como tarefas práticas a solução de problemas baseados nas teorias estudadas. Uma das metodologias aplicadas foi a metodologia ativa PBL (*Problem Based Learning*), uma das metodologias ativas mais usadas em sala de aula, inicia o processo ensino-aprendizagem propondo uma demanda da solução de um problema incompleto e durante a construção do conhecimento os alunos evoluem nas habilidades de soluções de problemas, bem como vão se tornando mais competentes e autônomos (GUERRA, 2014). Assim, o docente sai do modelo de aula tradicionalista e torna suas aulas mais dinâmicas, participativas e grupais. Os trabalhos em grupos têm sido colocados como prioridades no sistema educacional nas últimas décadas, proporcionando uma educação colaborativa como descrevem Moran e Bacich (2018):

> Sozinhos, podemos aprender a avançar bastante; compartilhando, podemos conseguir chegar mais longe e, se contamos com a tutoria de pessoas mais experientes, podemos alcançar horizontes inimagináveis. [...] Estar em rede, compartilhando, é uma grande oportunidade de aprendizagem ativa, que uns conseguem explorar com competência, enquanto outros desperdiçam com futilidades. [...] O que a educação formal hoje precisa levar em conta é que a aprendizagem individual, grupal e tutorial avança no cotidiano fora das escolas, pelas muitas ofertas informais da rede. (p. 8).

Quanto à questão metodológica, a nossa pesquisa bibliográfica fez uso dos vários conceitos e textos trabalhados ao longo do semestre com os alunos nos componentes. Gil (2010) define a pesquisa bibliográfica como a que utiliza-se de informações que foram colhidas e tratadas por estudiosos analiticamente e constituem-se de artigos científicos, livros e outros. Quanto aos objetivos da pesquisa, utilizaremos a descritiva, pois segundo Gil (2010) a mesma permite efetuar a descrição das características de determinadas populações ou fenômenos, como foi o caso da pandemia.

E também para atender os objetivos desta pesquisa, optou-se utilização de um método misto, pois neste é possível combinar abordagens qualitativas e quantitativas e permite uma melhor compreensão do problema da investigação. As informações foram colhidas qualitativa e quantitativamente separadas e depois comparadas para averiguar-se as convergências e divergências e assim efetuar-se uma análise integrativa (CRESWELL, 2014). Optou-se pela mista, pois:

> A pesquisa quantitativa vem da tradição das ciências naturais, onde as variáveis observadas são poucas, objetivas e medidas em escalas numéricas. Filosoficamente, a pesquisa quantitativa baseia-se numa visão dita positivista, onde: as variáveis a serem observadas são consideradas objetivas, isto é, diferentes observadores obterão os mesmos resultados em observações distintas (WAINER, 2019, p. 6)

E na qualitativa, porque segundo Gatti e André (2011, p. 34) a pesquisa qualitativa "possibilita compreender e interpretar grande parte das questões e problemas da área de Educação", é preciso recorrer a enfoques multi/inter/transdisciplinares e também porque segundo Bogdan; Biklen (1994, p. 23) "uma metodologia de investigação que enfatiza a descrição, a indução, a teoria fundamentada e o estudo das percepções pessoais".

Na análise qualitativa, optou-se especificamente pela análise de discurso descrita por Orlandi (2005), a qual a autora argumenta que o discurso não é meio para a transmissão da informação, pois gera efeitos, mas sim que seus traços são interpretáveis de forma ideológica e analisando-os encontram-se indícios da formação discursiva e da ideologia que sustentam uma ideia.

Optamos por uma pesquisa de campo, pois segundo Minayo (1994, p. 53): a pesquisa de campo representa "o recorte que o pesquisador faz em termos de espaço, representando uma realidade empírica a ser estudada a partir das concepções teóricas que fundamentam o objeto da investigação". Nós vivemos nossa pesquisa de campo junto com nossos participantes, pois "vivência é o processo de viver; é coisa que se experimentou vivendo, vivenciando; é o conhecimento adquirido no processo de viver ou vivenciar uma situação ou de realizar alguma coisa; é experiência, prática; é aquilo que se viveu" (HOUAISS, 2009) e podemos dizer que além de desafiador foi muito intenso, pois junto com aquela vivência, estávamos todos envolvidos em sentimentos de muita inquietude, insegurança, derrotas, vitórias e outros. "Vivenciar, então, é mais do que viver... é viver com sentimento, ter relação com... envolver-se, adquirir experiência, experenciar... Foi com esse desejo que fizemos nossa pesquisa de campo no espaço geográfico...." (CHIAPETTI, 2010, p. 140), para sentirmos de pertos as emoções e os sentimentos dos nossos alunos/participantes da pesquisa. Assim, pudemos perder e ganhar, rir e chorar, aprender e desaprender, experimentar novos recursos, novas estratégias, novas formas de construir conhecimentos. Investigar é pesquisar no campo as respostas para a questão central e para as questões de investigação do estudo proposto.

Os participantes da pesquisa foram 19 alunos, do curso de Pedagogia, sendo um do sexo masculino e 16 do sexo feminino, com idades variando entre 20 e 43 anos, de duas faculdades localizadas no Grande ABC, interior do Estado de São Paulo, Brasil, que responderam um questionário, com uma pergunta do tipo *likert* e oito perguntas abertas, objetivas e 03 mistas. O questionário foi enviado junto com Termo de Consentimento Livre e Esclarecido, pelo Grupo de *Whatsapp*, os quais os alunos estão inseridos e devolvidos por meio da representante de sala, de forma anônima.

A apresentação teórica está assim organizada, na primeira parte discutiremos o processo ensino-aprendizagem, com os conceitos de autonomia, aprendizagem significativa, metodologias ativas e a sala de aula invertida, e na segunda parte a relação professor-aluno: humanização, participação e afetividade.

Imagem de BrickRedBard por Pixabay

2 FUNDAMENTAÇÃO TEÓRICA

2.1 Processo ensino-aprendizagem

O processo ensino-aprendizagem possui elementos fundamentais que possibilitam o sucesso educacional. Dentre estes elementos, cabe destacar 4, neste momento: autonomia, aprendizagem significativa, metodologias ativas e a sala de aula invertida e a relação social e emocional entre professor e aluno: humanização, participação e afetividade.

2.1.1 Autonomia

Para que o processo ensino-aprendizagem seja efetivo é necessário que o aluno tenha bons recursos e desenvolva sua autonomia de usá-los efetivamente. Segundo Rossetto (2006), a expressão aprender a aprender marcou o movimento da Escola Nova como emblema sendo ainda pertinente para escola contemporânea. No momento atual, em que a sociedade está bastante informatizada e existe oferta de instrumentos tecnológicos e educacionais para que o processo ensino-aprendizagem seja mais dinâmico, a autonomia é fundamental. Para a autora:

> autonomia tem a conotação da autoria cognitiva, de o sujeito assumir o papel de protagonista de sua aprendizagem na construção de conhecimentos, fazendo progressivas tomadas de consciência a de ações realizadas, processo esse que autoriza o educando na sua independentização no próprio processo de aprender (p. 25)

Percebe-se neste período vivido no primeiro semestre de 2020, o quão foi importante o aluno se apropriar dessa autonomia e tomar o comando do seu próprio processo de aprender, com atitudes proativas, críticas, criativas e colaborativas, e não esperando e não aceitando mais o modelo conteudista da escola tradicional.

Não é uma tarefa fácil, especialmente sendo experenciada com tantas mudanças e incertezas em outras áreas da vida, mas que é necessário o aluno, numa parceria com o professor empreender, pois segundo Bruner (1976, p. 39): "ensinar é um esforço para moldar o desenvolvimento intelectual", para assim seguir com certa disciplina e organização. Nas aulas presenciais e na modalidade ensino remoto, isto se torna mais importante ainda aliado à boa formação do professor, que ficará com esta difícil, mas importante tarefa de compartilhar com seus alunos uma nova forma de construir conhecimento. É importante que o professor intermedie junto a esse aluno acerca da responsabilidade pela sua aprendizagem, alertando-o que esta é uma via de mão dupla

Procuramos estabelecer uma relação cognitiva com os discentes, tornando-a intimamente ligada a essa autonomia, pois segundo Demo (2002), nem é tanto relacionado ao que se pode separar, comunicar ou isolar, mas o que necessita atualizar e complementar, portanto, a autonomia é uma negociação dialógica, não uma conclusão, uma finalização. Para além dos problemas de equipamentos e internet, os docentes também enfrentaram novos desafios e necessitavam de novos saberes, mas a emergência impossibilitou a capacitação para esses fazeres pedagógicos, pois aqueles momentos de sala de aula presencial se tornaram ainda mais preciosos para esses personagens.

Assim, tivemos que fazer uso de modelos mais otimizadores dos tempos, dos conteúdos e das quantidades que tínhamos que dar conta para se cumprir um período letivo de qualidade que não tirasse do nosso aluno a sua preparação para as etapas subseqüentes de sua aprendizagem, portanto, não bastava aprender, mas tínhamos que continuar seguindo um projeto pedagógico, cuja proposta seria oferecer aprendizagem significativa. Trabalhamos num modelo educacional que acreditou na possibilidade de tornar o aluno mais autônomo, consciente e crítico, capaz de enfrentar e resolver seus problemas.

2.1.2 Aprendizagem significativa

Muitos estudiosos apresentam a importância da aprendizagem significativa, dentre os quais podemos destacar Ausubel, Novak, Hanesian (1980), que define como uma atividade processual fundamental da sistematização do conhecimento do aluno, e ocorre quando um novo conhecimento é construído, estruturado e conectado a um conhecimento que já existia na estrutura cognitiva do estudante. Esta estrutura o autor denomina de subsunçores, que são abstrações das experiências dos conhecimentos do sujeito que aprende, podem ser mais ou menos abrangentes, organizados hierarquicamente. Segundo o autor, "na interação entre o conhecimento novo e o antigo, ambos serão modificados de uma maneira específica pelo aprendente..." (p. 85)

Além disso, para que a aprendizagem se faça significativa é importante a cooperação do aluno durante a aprendizagem e neste período de pandemia, emergia a necessidade de proximidade e interação entre docente e discente, de modo a se colocar em prática o exercício de colaboração e ter a possibilidade de experimentar teorias tão discutidas e antes não usadas efetivamente. Assim, no próximo item, discutiremos algumas metodologias experimentadas.

2.1.3 Metodologias ativas e a sala de aula invertida.

No ensino superior, o aluno aprende que toda discussão teórica deve ser vivenciada na prática, pois o objetivo deste princípio é que o estudante perceba a importância da análise e da reflexão acerca daquilo que está aprendendo, tornando o ensino acadêmico um laboratório de formulações científicas. Neste sentido, de que teorizar a prática, que segundo Demo (2001, p. 6), "significa não separar a produção do conhecimento frente à realidade, como se, para estudar fosse *mister* deixar o mundo e ir para a universidade", e que nos diz que o conhecimento se inicia na prática. Dessas práticas surgiu a possibilidade de utilizar a sala de aula invertida e as metodologias ativas, que tem se demonstrado uma dupla de muito sucesso. As metodologias ativas são formas de se construir o processo de ensino e de aprendizagem, nos quais o professor não é o centro do processo e sim o aluno, como um protagonista autônomo e que tanto professor quanto aluno, juntos, respeitarão o ritmo deste último, num trabalho coletivo entre ambos e os demais alunos componentes do coletivo da sala, sempre procurando estabelecer dialogicamente os objetivos e as estratégias para atingi-los.

Isso se tornou um bom plano acadêmico para as necessidades que foram surgindo e essa parceria torna possível o oferecimento dos conteúdos fora da sala de aula, permitindo assim que o professor dê a cada aluno o tempo individual necessário para a sua preparação para a aula. Portanto, os alunos poderão se preparar, pesquisar, efetuar leituras, estudos, atividades, formular questionamentos para o momento de discussão na aula, que também proporcionará troca de experiências, resolução de problemas e discussão de conceitos com os colegas e o professor intermediando, por isso o nome sala de aula invertida, o que o aluno faria na sala de aula, ele realiza em casa e o que realizaria no seu lar sozinho, fará com os colegas e o professor, lembrando que farão isso, num outro modelo de sala de aula, a "virtual".

Behrens (2015, p.110) apresenta que "as atividades que contemplam as tecnologias da informação permitem ao aluno ir além da tarefa proposta, em seu ritmo próprio e estilo de aprendizagem", e isso confirma as experiências obtidas com as metodologias ativas, pois para estas os discentes são os personagens principais do processo de construção do conhecimento.

A sala de aula invertida é uma forma de acrescentar e melhorar o convívio e o diálogo entre professor e aluno, num ambiente em que os estudantes são conscientes de sua própria aprendizagem e o professor é o facilitador, uma mescla de instrução direta com construtivismo; o que foi ensinado pode ser revisado sempre que necessário, cada aluno tem direito a uma educação voltada para as suas necessidades e condições pessoais. (BERGMANN, OVERMYER, WILIE, 2012; BERGMANN, SAMS, 2016).

Apesar de no início do semestre, os alunos se mostrarem bastante desmotivados, pois estavam acostumados com o modelo presencial e uma das reclamações era justamente da falta de adaptação ao modelo de ensino remoto, foram ficando interessados com a utilização de aulas mais dinâmicas, como são as da metodologia ativa e com a participação mais interativa dos discentes e docentes, associada a sala de aula invertida, pois assim foi possível proporcionar atividades mais práticas, com trabalho orientado pelo professor, na busca de soluções de problemas e com base nas teorias estudadas.

As aulas expositivas, nas quais só o professor fala e os alunos são meros ouvintes estão em desuso desde o início deste século, no modelo ensino remoto, a metodologia expositiva ficou inviável, por isso a metodologia ativa começou a ganhar espaço entre os estudantes, na construção do conhecimento. E uma das mais utilizadas é a Aprendizagem Baseada em Problemas (ABP), do inglês *Problem Based Learning* – PBL, bastante utilizada Ensino Superior.

A Aprendizagem Baseada em Problemas são instruções acadêmicas que colocam o aluno no centro do processo, lhe oferecendo a autonomia e a responsabilidade de trabalhar com a identificação e análise da resolução do problema proposto, capacitando-o, num trabalho coletivo a elaborar as questões que contribuirão para a solução e na busca das respostas para ampliar seus conhecimentos e assim sucessivamente, sempre problematizando e aprendendo, cada vez mais. (ARAÚJO, SASTRE; 2009).

Portanto, o docente desenvolve o papel de facilitador, nas intermediações entre os alunos e entre os grupos, e os discentes trabalham de maneira cooperativa, compromissados com o processo de aprendizagem, de forma autônoma.

Tivemos neste semestre, por causa da pandemia, que reinventar a forma de construir o trabalho com as questões problematizadoras, uma vez que nossos alunos de alguns semestres estão aprendendo a utilizar essa metodologia em Projetos Interdisciplinares, então fazer isso remotamente foi um grande desafio para ambos os grupos discentes e docentes, pois parte deste trabalho é desenvolvida fora do horário de aula, em grupos e com apoio do professor, o que nos fez experimentar outra metodologia ativa, *Project Based Learning*, no original e traduzido para português Aprendizagem Baseada em Projeto.

Além dos Projetos Interdisciplinares, temos semestre que aprende a elaborar e colocar em prática o projeto educacional, por isso a Aprendizagem Baseada em Projeto também é valorizada durante o curso de Pedagogia. Esta metodologia também parte de um problema, tem uma estrutura a ser construída, para a elaboração do projeto, que envolve, pesquisas, estudos, discussões, vários conhecimentos e termina com um produto final, que é a entrega do projeto finalizado. Segundo Farias, Martins e Cristo (2015), o currículo deve contemplar atividades práticas, que deverão ocorrer em grupos de alunos, para que os mesmos possam interagir, compartilhar conhecimentos, aprenderem a investigar, buscar soluções.

> Há indicadores que nos permitem argumentar a favor do currículo por projetos como uma matriz de mudança em potencial para aqueles segmentos da educação que entendem ser necessário recuperar a totalidade do conhecimento e romper com o conservadorismo das práticas pedagógicas repetitivas e acríticas. (KELLER-FRANCO & MASSETTO, 2012, p. 12).

Percebe-se que os protagonistas do processo novamente são os alunos, e o professor tem um papel fundamental de intermediar o processo, dando todo suporte necessário aos alunos. A intermediação junto aos alunos implica num professor que precisa organizar no seu componente em parceria com os alunos esses projetos, ajudá-los a compreender no início do projeto de que se trata, para que os mesmos saibam como escolher um projeto importante, que faça sentido, que associe os conceitos primordiais do componente, que sejam possíveis de serem investigados, e auxilie os alunos a pensar nas formas de estruturas a metodologia do projeto, isto é, a pesquisa, os instrumentos (entrevista, questionário, gravações, documentos, narrativas, jogos, etc).

Segundo Morán (2015):

> É importante que os projetos estejam ligados à vida dos alunos, às suas motivações profundas, que o professor saiba gerenciar essas atividades, envolvendo-os, negociando com eles as melhores formas de realizar o projeto, valorizando cada etapa e principalmente a apresentação e a publicação em um lugar virtual visível do ambiente virtual para além do grupo e da classe. (p. 23)

Este momento de pandemia foi propício para utilização desta metodologia, pois segundo o professor Dr. José Morán é importante concentrar fora da sala de aula, as informações básicas e na aula trabalhar a criatividade e aquilo que os alunos precisam da presença do professor, o que caracteriza a sala de aula invertida e que o autor denomina de estudo hibrido.

Podemos perceber que o modelo tradicional de educação não serve mais para a escola que queremos nos dias atuais e mais ainda para as necessidades que temos de alunos mais críticos, criativos, participativos, interativos, proativos, cooperativos.

2.1.4 A relação social e emocional entre professor e aluno: humanização, participação e afetividade

A Psicologia, que é o componente que leciono e que apresenta e discute a humanização, a afetividade, as emoções e sentimentos no processo educacional e isso facilita muito trazer para a sala de aula, as vivências práticas, o que procuramos praticar no decorrer dos semestres e especialmente neste semestre de isolamento social, no qual ficamos afastados dos alunos fisicamente e como bem relata o professor Pedro Demo (2002), teorizar é praticar. E como docente, acredito que praticar é ser **humano** (grifo meu), o que nos conduz a um dos estudiosos mais importantes da literatura brasileira, Paulo Freire.

Para Paulo Freire (2008), a educação é formadora de pessoas ativas, históricas, críticas, que têm participação na cultura e na sociedade em que vivem e é por meio desta que os indivíduos se humanizam. A natureza humanista da teoria de Freire está direcionada para o discente e o docente como seres humanos e na interação pessoal destes, bem como no papel do professor como mediador e na evolução do aluno, cujo objetivo é aprender a aprender, e a metodologia é flexível e aberta. A forma de ensinar diferencia-se por estratégias modernas como trabalhos em grupos, mapas conceituais e outros.

Trabalhar com ser humano, numa condição tão vulnerável, como este período do isolamento social e afastamento da instituição escolar não foi tarefa fácil, além das mudanças operativas, concretas, também aconteceram as mudanças pedagógicas aplicáveis e as condições de cada aluno sujeito ao processo para envolver-se subjetivamente para dar certo também foram difíceis, pois cada um apresenta-se numa condição pessoal diferente. Como diz nosso mestre Paulo Freire: "ensinar exige estética e ética, a necessária promoção da ingenuidade à criticidade não pode ou não deve ser feita à distância de uma rigorosa formação ética ao lado sempre da estética. Decência boniteza de mãos dadas". (2008, p. 18). Na leitura Freireana o momento de pandemia deveria ser aproveitado para novas aprendizagens, para que o aluno pudesse participar crítica e democraticamente, saindo assim da condição de objeto para constituir-se sujeito de sua própria história, nos enfrentamentos dos problemas, dos conflitos, na luta constante que é essa passagem para a humanização do indivíduo. Entendendo que os enfrentamentos dos alunos eram dos professores e vice-versa, porque estava difícil separar um do outro, estávamos todos vivendo as mesmas situações problematizadoras, pela condição do despreparo geral, implicando, portanto, numa relação dialógica constante que confirmasse o ato de conhecer e reconhecer o objeto de estudo e não uma simples transmissão do conhecimento.

> (...) o diálogo é uma exigência existencial. E, se ele é o encontro em que se solidariza o refletir e o agir de seus sujeitos endereçados ao mundo a ser transformado e humanizado, não

> pode reduzir-se a um ato de depositar ideias de um sujeito no outro, nem tampouco tornar-se simples troca de ideias a serem consumidas pelos permutantes (FREIRE, 1983, p. 198)

Nesse sentido, vivemos muitos momentos marcantes, momentos esses de trocas que às vezes eram pacíficas e outras não, mas que por meio do diálogo fomos resolvendo esses problemas e solidarizando nossas ações. Mesmo com todas as mudanças das últimas décadas, nós sabemos que ainda vivemos uma realidade educacional bem tradicional, e esta era a oportunidade de transformação desta realidade, que segundo o autor, a mudança do conceito deste sujeito como passivo para alguém ativo na sua aprendizagem e transformação da realidade, colaborando para emancipação do indivíduo, sua humanização e socialização.

Nesse sentido, era preciso ficar atendo a um processo que respeitando a individualidade de cada um, continuasse sendo motivador para todos, atendesse às demandas pedagógicas, cumprisse uma proposta de currículo humanista. Assim, a humanização Freiriana leva o discente à inquietação, investigação, curiosidade, ao debate, troca de ideias, num diálogo em que todos participam democraticamente, colocando em prática suas capacidades cognitivas, seus conhecimentos do mundo.

Outro humanista que embasa nossa proposta pedagógica e nossa prática acadêmica é o psicólogo americano Carl Rogers, que descreve os seres humanos como capazes de descobrir o que não está bem no seu interior e promover a sua própria mudança. A fenomenologia de Rogers é análogo com os construtos pessoais de George Kelly (1963, citado por MOREIRA, 2011, p. 141), que descreve o indivíduo como capaz de criar a representação de seu ambiente e não somente responder a ele. Algo, que evidentemente seria necessário nesta condição nova de aprendizagem em que todos estávamos experimentando novas emoções, novas formas de olhar os fenômenos e os sentimentos.

A potencialidade natural para aprender, facilitada pelo professor e descrita por Rogers é estudada no componente que leciono Psicologia da Aprendizagem Infantil, então foi experimentada na prática das aulas, bem como todos juntos, num esforço contínuo, procurávamos diminuir as ameaças para que a aprendizagem seguisse evolutivamente e com qualidade (ROGERS, citado por MOREIRA, 2011, p. 142-143), sempre num esforço interativo entre professor e aluno, procurando a melhoria do processo.

A perspectiva psicológica do estudo do homem considera o indivíduo dotado de razão e emoção e a Psicologia Educacional tem se desdobrado para estudar a afetividade infantil nos últimos séculos. Entretanto, com ida em massa do aluno adulto para a escola e consequentemente com a demanda maior no ensino superior, nas últimas décadas vários estudiosos têm se dedicado ao estudo da afetividade em todas as idades (GOLEMAN, 2012; LEDOUX, 2001; MOSCOVICI, 1997).

Esta criança estudada transforma-se num estudante universitário a caminho de uma construção de conhecimento mais maduro que o leve à vida profissional. Nos parece na sala de aula que fica a cargo do professor universitário estabelecer a importância do estudo para o aluno, que muitas vezes chega na universidade com a ideia de "tirar o diploma". É necessário ao professor conscientizar acerca da necessidade da boa formação acadêmica atrelada à experiência prática para que o discente se desenvolva não somente acadêmica e profissionalmente, mas também como pessoa, nos seus aspectos culturais, sociais, éticos, morais, enfim, preparado para o trabalho, mas também para a vida. Esse tipo de formação universitária não pode ocorrer de forma massificante, sem uma atenção individualizada, e na minha experiência universitária, principalmente neste período de pandemia, este cuidado individual, feito com profissionalismo, mas com carinho e atenção que o aluno necessita sempre funciona, proporciona um retorno positivo. Não são muitos os teóricos que estudam os alunos universitários, um dos mais conhecidos, Zabalza (2004), no livro: "O ensino universitário: seu cenário e seus protagonistas" apresentando o processo de construção de conhecimento, nos relata que:

> A aprendizagem é um processo complexo e compartilhado. Entre as diferentes estruturas de mediação, o próprio estudante é, com certeza, a mais importante, já que filtra os estímulos, organiza-os, processa-os, constrói com ele os conteúdos e das habilidades assimilados. Por outro lado, a mediação não é só cognitiva: também se interpõem entre o ensino e resultados da aprendizagem uma mediação emocional (que depende do próprio estado de ânimo do aprendiz e de suas relações interpessoais). Para a efetividade da aprendizagem, é fundamental destacar esse importante papel do aluno em seu próprio aprender, seja, porque, ao se sentir protagonista, melhora seu rendimento [...] ele intervém como "causa próxima" de sua própria aprendizagem, algo que é impossível de substituir pelas estratégias de ensino, por mais elevada que seja sua eficácia.(p. 196)

O autor apresenta a dimensão emocional enfatizando que a mesma ocorre nas relações interpessoais, e também destaca o papel da autonomia discutida anteriormente. Os sentimentos, os afetos e as emoções, que são propriedades do ser humano são os elementos que dão vida à mente.

Ainda na perspectiva emocional, Wallon define a educação como um processo integrador e na proposta educativa walloniana, que é caracterizado como sendo associados os aspectos cognitivos, afetivos, motores e a pessoa, mesmo considerando que cada um destes tenham suas próprias funções e estruturas (MAHONEY, 2008). Para o autor, Wallon considera que "qualquer atividade humana sempre interfere em todos eles. Qualquer atividade motora tem ressonâncias afetivas e cognitivas; toda operação mental tem ressonâncias afetivas e motoras."(p. 15). Ainda segundo o autor, tudo isso faz com que a integração ocorra e ressoa no quarto conjunto, que é a pessoa.

Neste sentido, o ensino baseado na teoria de Wallon apresenta a ideia do indivíduo inteiro e engajado numa formação comprometida com a humanização, sem perder de vista que não é uma tarefa fácil para o professor se comprometer e se questionar acerca de qual é o lugar da afetividade e como correlacionar com a cognição. No cotidiano universitário, especialmente ensinando e aprendendo de forma diferente como foi no período de isolamento, as emoções se manifestavam a todo instante, quase sempre de forma inesperada, impedindo uma boa objetividade intelectual. Como relata Galvão (2008), uma ação intelectualizada direcionada para entender os motivos de uma emoção pode diminuir as consequências, a reflexão poderá baixar os efeitos da emoção.

> A comoção do medo ou da cólera diminui quando o sujeito se esforça para definir-lhe as causas. Um sofrimento físico, que procuramos traduzir em imagens, perde algo de sua agudez orgânica. O sofrimento moral, que conseguimos relatar a nós mesmos, cessa de ser lancinante e intolerável. Fazer um poema ou um romance de sua dor era, para Goethe, um meio de furtar-se a ela (WALLON, 1986, p. 147, apud GALVÃO, 2008, p. 67)

O aluno adulto é um ser que já desenvolvido, entretanto, é dotado de afeto, emoções e sentimentos e, portanto nas suas relações interpessoais, nas trocas com os colegas e com os professores em sala de aula, não podemos desconsiderar o quanto o mesmo será afetado por circunstâncias que possam fazê-lo perder a capacidade de refletir de raciocinar, de intelectualizar e com isso prejudicar seu desempenho acadêmico e pessoal.

Pensando na ética educacional humanista interacionista de Lev Vygotsky, segundo Delari Jr. (2003), parte-se de uma ética marxista, e de um humanismo inalienável e que se potencializam no coletivo, de forma altera e que necessita condições próprias para conceitos como superação, cooperação e emancipação.

Segundo o autor, para Vygotsky, a superação refere-se à ação e necessidade de ultrapassarmos os limites e é destacada como signo por Andrei Puzirei: *"finalidades e os valores* fundamentais presentes em todo o pensamento de Vygotsky" (PUZIREI, 1989, p. 16 – grifos do autor, apud DELARI JR, 2003, p. 5). Em minha experiência docente já vi muito alunos irem muito além do que imaginavam professores e eles próprios, muitas vezes, o aluno ingressa no ensino superior com uma visão distorcida do seu próprio desempenho. Na maioria das vezes, esta distorção é para menos, pois sua experiência pessoal, escolar ou ambas o levaram a se perceber desta forma e é esta a sua autoimagem.

Vygotsky defendia a visão de que o ser humano pode alcançar sempre um nível mais elevado de seu desenvolvimento intelectual, um ser em condições de ultrapassar suas próprias condições e sempre capaz de se superar. Como seres coletivos e sociais, que somos como humanos, segundo Delari Jr. (2003), para que a superação aconteça dependemos de certas condições sociais e materiais e uma dessas condições é a cooperação. Este processo cooperativo e social leva o homem à emancipação e à conquista de sua liberdade de pensamento e de ação.

A teoria sócio-histórica pressupõe a necessidade de colaboração com alguém para que nós possamos nos tornarmos quem somos e vice-versa. Um dos principais exemplos disso são as expressões emocionais, que para Vygotsky são indicativos de solicitação de ajuda. (VYGOTSKY, 1931/2000). Segundo o autor (1991) o pensamento humano é motivado pelos desejos e necessidades, interesses e emoções, pois existe um fator relacionado à afetividade e à vontade no pensamento e ao entendermos esse pensamento, descobrimos a raiz afetiva-volitiva. Assim, para compreender melhor meus alunos, sempre tento entender aspectos cognitivos, sociais, mas os afetivos e emocionais também.

O pedido de auxílio no espaço coletivo universitário acontece espontaneamente, faz parte de uma proposta pedagógico sociointeracionista e construtivista, como a da Instituição que leciono e que é baseada também na teoria de Vygotsky e como abordado anteriormente o ensino superior prepara o aluno para lidar com estas questões nos aspectos cognitivos, afetivos, éticos, profissionais, pessoais, sociais, enfim, o educando integrado em circunstâncias práticas, discutindo com os mesmos acerca dos problemas que ocorrem na sala de aula e estabelecendo uma relação entre o que ensinamos e o que esperamos que pratiquem quando se tornarem educadores. Neste período de isolamento social, no qual, não só os problemas acadêmicos afloravam, mas também muitas questões de ordem pessoal, econômica, familiar e outras, pudemos perceber o exercício de cooperação discutido anteriormente, bem como o de superação, e dependendo do caso chegando até à resiliência.

Neste sentido, pude contar com a experiência adquirida ao longo de anos de docência no ensino superior e com outros tipos de vivências problematizadoras, pois a partir desta troca de experiência entre os seres humanos e estes com o mundo que os rodeia, que o autor denomina de mediação simbólica as transformações acontecem, colaborando para que o sujeito migre de uma condição primária para uma condição de independência, de liberdade, com a utilização das suas funções psicológicas superiores (VYGOTSKY, 2000) e constituindo seu desenvolvimento psicológico e sua personalidade.

Mais uma proposta de trabalho humanista é apresentada pelo professor Marcos Tarciso Masetto, Livre Docente em Didática do Ensino Superior Departamento de Fundamentos de Educação área Educação e Currículo e outros teóricos que estudam o ensino superior. Masetto (2011) desenvolveu um trabalho de pesquisa com o título "Inovação Curricular no Ensino Superior", o autor utilizou a metodologia partir da "identificação de projetos de ensino superior que defendiam metas amplas e educacionais para a formação de seus profissionais" (2011, p. 1) e o objetivo do estudo foi debater o conceito de inovação nos cursos de graduação.

Segundo o autor, entre os projetos curriculares inovadores no ensino superior, destacam-se alguns: um projeto desenvolvido em Harvard, iniciado há aproximadamente 15 anos, com resultados positivos valoriza a pesquisa, a ética, as relações, a aprendizagem interativa em grupos pequenos que se integrem de forma interdisciplinar para estudos e discussões, debates, leituras, atividades práticas, etc), com poucas aulas expositivas, muito semelhante às propostas pedagógicas das faculdades em que lecionamos, nas quais utilizamos vários elementos encontrados pelo estudioso, inclusive o *feedback* para as atividades realizadas pelos discentes. Num dos semestres, no componente de Projetos Educacionais, discutimos ao longo deste semestre, a partir da leitura do texto "A Contribuição do *Feedback* para a Avaliação da Aprendizagem no Contexto Universitário" (VILELA, MELO; 2017), a respeito deste conceito e da importância, tanto do processo avaliativo, quanto do processo de retorno do mesmo do seu desempenho como forma de retroalimentação para melhoria do seu desempenho.

Outro projeto importante destacado pelo professor Masetto (2001) é o *Problem Based Leaning* ou Aprendizagem Baseada em Problemas, que segundo o autor surgiu primeiramente na formação de profissionais da saúde, e posteriormente para outras áreas e já descrevemos anteriormente e que também descrevemos anteriormente e usamos nos nossos cursos. Os cursos "Cooperativos" se apresentam como um outro projeto de inovação (PACHECO; MASETTO, 2007, citado por MASETTO, 2011, p. 8), que são feitos em parcerias com empresas e nos quais os alunos são contratados por estas durante o estágio, durante este tempo terá alguém supervisionando seu trabalho e continuará estudando e pesquisando os assuntos para melhorar seu trabalho.

Masetto (2011) relata que atualmente há projetos diferenciados em graduações nas áreas de Pedagogia. Fonoaudiologia, Turismo, Direito e outras. Esses projetos trazem inovações, deixam claros os objetivos, bem como toda a proposta pedagógica deve ficar muito transparente a todos. Na faculdade que leciono, o Plano Pedagógico do Componente Curricular com a pedagógicos, recursos, cronogramas, bibliografia básica e complementar são apresentados aos alunos no primeiro dia letivo de aula, e esse "<u>contrato</u>" (grifo meu) é seguido da melhor forma possível, flexibilizando quando necessário.

Neste formato de projeto pedagógico, não há ênfase na instrução e sim no processo ensino-aprendizagem, com desenvolvimento de habilidades, atitudes, valores, competências, valores sociais, criticidade, criatividade, cidadania, enfim, a preocupação está em prepara a pessoa e o profissional para o contexto da sociedade contemporânea e para um mercado de trabalho, pois entendo que esta necessita de indivíduos com novas formas de pensar, mais humanos, politizados, com mais cultura, tecnologia e responsabilidade social. Os objetivos dos projetos que elaboro são estabelecidos a partir deste perfil, norteiam as ações pedagógicas e incluem além do desenvolvimento cognitivo, o afetivo-emocional, a auto-aprendizagem, também destacada por Rogers (MOREIRA, 2011), da inter-aprendizagem, conforme relata Vygotsky e utilizada na nossa proposta pedagógica também, aprendizagem colaborativa (citada anteriormente) e aprendizagem significativa, relatada anteriormente e defendida por Ausubel, Novak, Hanesian (1980), o que estabelece uma boa relação teoria-prática, como destaca Saccristán; Perez Gomes:

> É preciso transformar a vida da aula e da escola, de modo que possam vivenciar-se práticas sociais e intercâmbios acadêmicos que induzam à solidariedade, à colaboração, à experimentação compartilhada, assim como a outro tipo de relações com o conhecimento e a cultura que estimulem a busca, o contraste, a crítica, a iniciativa e a criação. (1996, p. 32, citado por MASSETTO, 2011, p. 17).

Estes princípios teóricos têm descrito a prática pedagógica construtivista como uma busca constante por todas as instâncias escolares, no processo educacional brasileiro para o atingimento de uma educação de qualidade efetiva e constante.

Imagem de Tumisu por Pixabay

3. RESULTADOS E ANÁLISES

Iniciamos nossa investigação perguntando acerca do processo de adaptação dos alunos no período do isolamento social, no qual os mesmos tiveram que assistirem as aulas em casa a partir de 16 de março de 2020, pelos motivos descritos anteriormente e como se adaptaram ao processo, na questão estrutural. Dentre as perguntas, uma delas, do tipo *likert* perguntou se adaptação foi péssima, ruim, boa, ótima, excelente. E 10,52% dos alunos responderam bom 52,63% ótimo e 36,85% excelente. A grande maioria dos alunos comentou que no começo houve certo desconforto, insegurança, falta de confiança que daria certo, medos, dificuldades em se ajustar com a tecnologia, mídias e redes sociais. Os alunos demonstram nestas respostas a dificuldade em mudar, em experimentar o novo, em sair da "zona de conforto" e principalmente porque não era uma mudança somente na faculdade, mas estavam acontecendo mudanças em todas as áreas de suas vidas, o que hipoteticamente colaborou para que a percepção negativa fosse maior. No que se refere à questão intelectual, pois havia fortemente grande necessidade de organização e controle mental acerca da vida e dos conteúdos acadêmicos Bruner (1976) relata que o processo ensino-aprendizagem é um esforço intelectual que deve ter organização e disciplina. Além disso, Freire (2008) destaca que os momentos problematizadores são propulsores para o discente tornar-se sujeito de si mesmo, deixando assim de ser um objeto.

No processo de adaptação dos alunos e professores, enfrentamos algumas dificuldades, e no nosso questionário perguntamos aos alunos quais foram os dificultadores, surgiram desde ansiedade, estrutura física na casa, falta de compreensão dos colegas de sala e familiares, mas o maior dificultador, sem dúvida, foi a tecnologia. Para os alunos foi muito difícil, mudar de uma convivência quase que **artesanal** (grifo meu), para uma digital, com *wifi, whatsapp, live,* videoconferência, *link, instagran, teamlink, zoom,* etc. Infelizmente, nós tivemos alunos até que desistiram da faculdade por estes motivos, pois não estavam acostumados com tanta tecnologia e sentiram-se desmotivados. Esses alunos estavam sem motivação, pois tinham se matriculado e surpreendentemente tinham que se adequar a um educação remota. Hodges (2020) caracteriza o ensino remoto emergencial pela adaptação do presencial, com uso de tecnologia de informação e comunicação (TIC) para que aconteça uma comunicação concomitante com os discentes.

Em relação aos facilitadores, o elemento mais significativo foi o professor, de diversas maneiras o professor aparece como a grande figura que fez a diferença para que o aluno não desistisse, tivesse confiança, superasse os medos, acreditasse. Foi quem dialogou, apoiou, dedicou-se, usou ferramentas e metodologias diferenciadas. Eu, particularmente, procuro apoiar os alunos da melhor forma possível, compartilhando com os mesmos até a forma como a aula irá acontecer e como já utilizava as metodologias ativas nas minhas aulas, procurei intensificar a forma de construir o processo ensino-aprendizagem, pois nesta forma de educar o docente deixa de ser o centro do processo e o aluno torna-se protagonista, trabalhando com mais autonomia, de acordo com seu tempo, em parceria com colegas e professor, e podendo praticar aquilo que está aprendendo na teoria, pois de acordo com Matos (2018), nesta colaboração, o professor oferece o material a ser estudado antes, o aluno terá a possibilidade de se organizar e estudar diversas vezes, de acordo com as instruções recebidas e na aula propriamente dita estará mais preparado para participar de forma efetiva e assim sentir-se mais motivado.

Quando perguntados a respeito do processo ensino-aprendizagem durante o período da pandemia, várias ideias são descritas pelos alunos, dentre as quais apreensão no início e surpresa acerca da própria capacidade de autodireção, autodeterminação e superação das dificuldades a partir de ferramentas e metodologias usadas pelos professores que também foram surpreendidos e estavam despreparados para este tipo de enfrentamento. Rogers relata que as pessoas descobrem-se em novas aprendizagens e promovem sua própria mudança. (MOREIRA, 2011). Segundo o autor, a aprendizagem do aluno é facilitada pelo professor, num esforço contínuo de ambas as partes, o que promove a aprendizagem evolutiva e de qualidade (ROGERS, citado por MOREIRA, 2011, p. 142-143).

Nesta pergunta surgiram respostas muito interessantes, gostaria de destacar algumas (copiadas literalmente do envio dos alunos) e comentar a seguir:

<u>Resposta Negativa</u>

- Teve um aprendizado, mas não se compara na aula presencial, parece não fixa na nossa mente matéria, como na aula presencial. Nunca mais, vou reclamarei de ir, para faculdade.

<u>Respostas positivas</u>:

- Descrevo como sendo algo satisfatório. O corpo docente soube usar de uma boa didática e nos ajudaram muito e a minha força de vontade em estar sempre disposta a aprender mais.

- Foi um processo que nos deixou apreensivo era tudo novo, duvidas de como iamos fazer, mas depois tudo se estruturou e meu processo de ensino aprendizagem foi excelente.

Foi muito boom por que aprendi com as aulas que os professores ministravam, através de whatssap, vídeos de uma forma onde nós poderiamos tirar dúvidas com os professor.

- Aquele que ensina deve ser incentivador e orientador daquele que quer aprender, já o indivíduo que quer aprender deve ser curioso, pesquisador e questionador para que de fato ele aprenda. Eu não acredito que possa ocorrer o processo ensino-aprendizagem apenas em ouvir o professor falando e o aluno sentado ouvindo sem ao menos questionar ou prestar atenção. Eu acredito que deve estabelecer um bom relacionamento entre ambos, acredito no professor que estimula o aluno a pensar e no aluno como ser curioso, dessa forma, o processo acontece.

- O processo de ensino e aprendizagem ocorreu de uma forma

diferente daquela em sala de aula, por não haver contato com os alunos e professores, percebi como é importante essa relação, a tecnologia foi importante para aproximar, mas não a longo prazo.

- Foi muito interessante, no começo não tinha caído a ficha, mas depois foi bom ter essa experiência de ensino. Não foi fácil, mas deu tudo certo e muitas coisas vão ficar para aprendizagem.

- Eu acho que estudei mais assim, fizemos mais parte do nosso processo de ensino-aprendizagem do que em sala de aula, corri mais atrás, aprendendo mais, até mesmo por quê sem aquela correria diária de ir para faculdade ficou mais fácil, pois tínhamos nossa aulas em nossas mãos, um fácil acesso.

- Não há barreiras para acontecer mesmo distante os educadores deram o seu melhor, com dedicação para ensinar.

- Inovação, muitos professores foram pegos, como todos, mas como diz Luckesi os professores estão sempre em constante reflexão, que nós não estamos prontos, e os professores têm virado dias para trazer a melhor aula.

Não é como o ensino presencial, mas com a dedicação dos professores em ensinar e dos alunos em aprender, não foi muito difícil.

Descrevo como um processo de ganhos. Ganho de conhecimento, ganho para vida.

Algo de muita responsabilidade e respeito ao próximo, mesmo com a distância com algo tão novo, entendi todo comprometimento dos professores com os alunos, acompanhando e estando presente, mesmo com tanta correria com tudo que nos cerca o professor é um grande mestre, tenho cada vez mais admiração por essa profissão.

Nesse semestre os professores usaram didáticas diferentes, onde ao meu foi muito bom, alunos aprendem de forma diferente uns dos outros, o mesmo acontece com a maneira de ensinar, o fundamental é que haja aprendizagem. Neste obtive bastante aprendizado em vários aspectos.

Apesar de não gostar ou concordar com o ensino a distância, por achar muito importante a socialização "pessoal", ou seja, estar em contato com outras pessoas. Neste momento se fez muito importante o ensino a distância, trouxe muitos aprendizados para a minha prática acadêmica e profissional.

Percebe-se nas respostas dos alunos a partir da autoavaliação que os mesmos são capazes de elaborar uma análise do processo e verem que apesar das dificuldades iniciais, tanto eles, quanto os professores, num esforço compartilhado superaram os obstáculos, utilizando os conhecimentos adquiridos no decorrer do curso e em especial no semestre. Como destaca Saccristán; Perez Gomes (1996, p. 32, citado por MASSETTO, 2011, p. 17) a respeito da necessidade de mudar a instituição escolar e as vivências de sala de aula, afim de que as trocas entre os docentes e discentes levem à "solidariedade, à colaboração, à experimentação compartilhada, assim como a outro tipo de relações com o conhecimento e a cultura que estimulem a busca, o contraste, a crítica, a iniciativa e a criação." (p. 17).

Em relação às dificuldades apresentadas durante o processo de ensino-aprendizagem, as principais relatadas foram: um aluno que seu problema foi a própria dificuldade de aprendizagem, um que foi o excesso de matéria, dois não tiveram problemas, dois com a organização, cinco com as tecnologias e dez alunos com problemas diversos, pessoais, emocionais e psicológicos dos tipos: ansiedade, crise de pânico (dois alunos), medo em não conseguir dar conta (dois alunos), concentração para estudar em casa, adaptação (dois alunos), incertezas, falta de interação pessoal com os professores (seis alunos) e outros. Entretanto, a maioria dos alunos descreve que estas dificuldades foram somente no início, posteriormente, foram resolvidas com a ajuda dos professores, que foram bastante solícitos, atenciosos, presentes, afetuosos e sempre atentos às necessidades dos alunos. Aqui a soma dos motivos ultrapassa os dez alunos, pois alguns alunos colocaram vários dificultadores.

Enfrentar a pandemia já seria bastante difícil, cursando o ensino superior, podemos dizer que tornou-se mais ainda, transformou-se para nossos alunos, como citado anteriormente, até motivo de desistência do curso. Então, esta passou a ser um problema que tivemos que enfrentar juntos, docentes e discentes, a desmotivação dos alunos pelas dificuldades encontradas e que os mesmos colocavam relacionadas ao processo de ensino-aprendizagem.

Um número significativo de alunos relatou problemas com as tecnologias, o que não foi "desprivilegio" destes, pois tornou-se necessário, por parte dos docentes, compreender este novo formato de ensinar e como diz Hodges (2020), o ensino remoto emergencial é a adaptação do ensino presencial com o uso das TICs - Tecnologias de Informação e Comunicação, na busca da interação com os discentes. No meu caso, em especial, que estava sem muita familiaridade com algumas tecnologias modernas, fui aprendendo com os alunos e ensinando-os também. Passados os primeiros tempos de stress, até nos divertíamos com as nossas "ignorâncias", me lembro de estar pedindo consultoria para os alunos acerca de como fazer determinada coisa no meio de uma aula e dando instruções acerca de como efetuar outras também no decorrer da aula para facilitar nossas vidas. Essa busca constante de aprimoramento também foi me trazendo grande alívio, pois acredito que um papel importante do professor é o desenvolvimento da autonomia e competência dos discentes (GUERRA, 2014).

Quanto às dificuldades diversas (pessoais, emocionais, psicológicas), os próprios alunos relatam que foram resolvidas com o tempo, com ações metodológicas dos professores, por exemplo, o medo foi superado quando eles perceberam que poderiam contar com a ajuda dos colegas, trabalhando em grupos, pois no começo, não se viam fazendo isso, não se imaginavam fazendo isso. Me lembro explicando o passo a passo, de que tudo que fazíamos na sala de aula, poderíamos continuar fazendo no isolamento, só teríamos que adaptar, construir novas formas de fazer, e todos sairíamos ganhando com as novas aprendizagens. Aos poucos, foram acalmando-se, se sentido mais amparados, mais familiarizados com as aulas online, os medos foram sendo substituídos por palavras de encorajamentos, incentivos, por estratégias novas de trabalhos escolares.

Dentre as estratégias utilizadas no ensino superior os trabalhos em grupos são bastante eficazes, pois os alunos trabalham de forma colaborativa, um motivando o outro (MORAN E BACICH, 2018), pois em grupo os alunos aprendem melhor, especialmente se contarem com a monitoria de professores experientes, e os alunos podem aprender fora da sala de aula.

As dificuldades na área emocional também são relatadas por muitos alunos, como era de se esperar, pois havia todo um contexto que provocava este desequilíbrio e como relatado anteriormente não são tantos os autores que apresentam as questões emocionais dos discentes universitários, mas o professor Miguel A. Zabalza, no livro "O ensino universitário: seu cenário e seus protagonistas", o processo de aprender não é simples e que o aluno é o mais importante da estrutura de mediação, pois este é responsável por receber os estímulos, organizá-los, processá-los e transformá-los em conteúdos. Além disso, para se chegar aos resultados finais, passa-se pela facilitação "emocional (que depende do próprio estado de ânimo do aprendiz e de suas relações interpessoais). Para a efetividade da aprendizagem, é fundamental destacar esse importante papel do aluno em seu próprio aprender". (p. 196). É provável que o aluno, ao sentir-se participante melhora seu desempenho, se torna mais forte, capaz de reagir com suas próprias forças e se torna mais eficaz.

Quanto aos facilitadores do processo ensino aprendizagem, os alunos foram unânimes, todos responderam, cada um de uma forma que a grande responsabilidade pela de superação ficou a cargo do professor pela proximidade que o mesmo estabeleceu com seus alunos. Eu tive uma experiência muito interessante, pois apesar do distanciamento físico, me sentia muito próximo de cada aluno, pois tinha o número de *whatsapp* deles e todos tinham o meu, então eram contatos constantes. Os discentes ficaram mais a vontade para tirar dúvidas comigo, de falar direto comigo, enfim de melhor aproximação, mais afetiva, sempre respeitando nossos limites profissionais, mas chegando, às vezes, em situações que ultrapassavam, quando estas requeriam.

Zabalza (2004) ressalta que o aluno universitário necessita

de uma intervenção que seja bem feita para que ele possa se guiar e que a aprendizagem surgirá como conseqüência desta relação saudável entre professor e aluno.

Eu acredito, sinceramente, que todo aluno é capaz de aprender, um dos teóricos estudados no quinto semestre Carl Rogers enfatiza esta ideia, desde que haja um esforço contínuo, especialmente se diminuirmos as ameaças. Assim, a boa interação entre professor e aluno leva à melhoria do processo (MOREIRA, 2011).

Os alunos foram questionados a respeito de sua aprendizagem, se foi significativa e 18 alunos responderam que sim e um aluno deixou em branco. A grande maioria relata uma mudança de postura, um novo olhar para o processo educacional, responsabilidade mais compartilhada com o professor, o melhor uso das ferramentas, das metodologias também, novos hábitos, amadurecimento, dedicação. Segundo Vygotsky, a superação é o ato e necessidade de ultrapassarmos as limitações e é destacada como signo por Andrei Puzirei: *"finalidades e os valores* fundamentais"* (PUZIREI, 1989, p. 16 – grifos do autor, apud DELARI JR, 2003, p. 5). Para Vygotsky, a aprendizagem com o outro é de fundamental importância, pois o indivíduo aprende com o outro aquilo que ele não está preparado para fazer sozinho e precisa de ajuda.

Percebo nas respostas dos alunos um enaltecimento ao trabalho do professor, inclusive recebi feedbacks gratificantes acerca disso, mas como ressalta Vygotsky (2000), a superação de suas próprias dificuldades é muito gratificante e motivador para o aluno, o que só é possível no processo de interação social, promovida pelo professor, nisto está o mérito do mesmo e no processo de emancipação da aprendizagem dos discentes. Para o autor, a motivação move desejos e necessidades

Segundo o autor (1991) o pensamento humano é motivado de diversas formas, mas especialmente pelas emoções, pois existe um aspecto ligado à afetividade que nos auxilia entender a vontade humana, portanto, para melhorar meu trabalho, sempre procurei empreender a compreensão acerca do que os alunos estavam sentindo, não me limitando aos aspectos intelectuais.

Quando perguntados acerca do uso de ferramentas tecnológicas, os 19 alunos entrevistados responderam que sim, que os professores utilizaram-se de diversas ferramentas, como, Whatsapp, YouTube, TeamLink, Lives em plataformas como Instagram, Facebook, YouTube, etc. E quanto ao uso de metodologias também os 19 participantes responderam que sim, houve a utilização de metodologias diferenciadas, por exemplo, seminários virtuais, muitos debates, representação social com imagens, dinâmica, apresentações em áudio e em vídeo, em grupo e individual.

Perguntados acerca da aproximação afetiva com os docentes, as respostas mais significativas foram:

- Sim, pois eles nos ampararam de uma forma tão doce, que perpassa o profissionalismo, se tornaram partes nós e nós deles, foi uma troca recíproca de ensinamentos e aprendizagens.

- Muito, porque cada professor tem sua forma de ensinar e de explicar isso me aproximou dos professores porque eles me ajudaram no processo ensino e aprendizagem.

- Sim, pois é algo quase inevitável, nesse momento uns precisam dos outros mais do que nunca, muitas vezes fora do horário de aula ou trabalho, e essa flexibilidade de ambas as partes nos permite uma aproximação afetiva muito grande, seja pela boa vontade, pela humanização, mas o sentimento de gratidão para com a pessoa com certeza é maior. A minha aproximação particularmente, foi muito grande, até mesmo pelo fato de ser representante, me senti caminhando de mãos dadas com os professores, um carinho e uma atenção sem-igual.

- Sim, os professores foram bem compreensíveis em ouvir e tirar as dúvidas, sempre estavam dispostos em ajudar.

- Sim, se não fosse a aproximação dos professores não seria possível continuar.

- Todos os professores sempre davam as aulas corretamente e estavam a nossa disposição no horário de aula e às vezes até fora do horário, o que não era obrigação deles. Quando eu precisei tirar dúvidas os professores esclareceram elas.

- Sim, mesmo distante tive todo apoio vi a dedicação não só comigo com todos meus colegas, foi uma experiência ótima de muitos conhecimentos e afetividade que foi possível mesmo de longe.

- Sim, acredito que de certa forma isso nos aproximou mais, pois podíamos nos falar sempre, não era necessário esperar até o dia da aula para tirar uma dúvida ou até mesmo bater um papo legal sobre os assuntos trabalhados na matéria.

Sim, era nítido a preocupação com a sala, a paciência e ficava explícito a saudade, das aulas presenciais.

- Com certeza, meu relacionamento com professores já era de muita amizade, porém nesse período de pandemia essa proximidade foi mais intensa, acolhedora, uma preocupação da parte dos docentes em atender a todos de maneira efetiva.

- Sim, acredito que neste período eu tive maior contato com eles, apesar da distância tive as sensações de que eles estavam muito dedicados a amenizar toda essa sensação de isolamento.

Como a nossa proposta pedagógica valoriza bastante o diálogo, o uso deste foi sempre muito presente, o que facilitou bastante minha interação com os alunos, assim poderia oferecer a assistência que necessitavam, compartilhar e facilitar mais as aprendizagens e outras demandas que trouxessem. O diálogo, que é como apresentam Freire, Shor (2008) é comunicação democrática, na qual não vale a dominação e reduz a obscuridade, pois liberta o participante. Na minha experiência neste semestre, conforme relatei anteriormente tivemos vivências alegres e conflituosas também, mas sempre resolvemos da melhor forma possível, pois sempre digo aos alunos, somos seres humanos e como tal necessitamos utilizar a comunicação. A relação dialógica permite aprendizagem crítica e amorosa, proporciona a humanização dos participantes e do processo.

É preciso pensar numa educação humanizadora, valorizar o saber e o fazer dos alunos, e fazê-los galgar avanços e desenvolvimento cognitivo, físico, social e emocional (FREITAS, 2018). Para alcançar esses objetivos, tive que mudar as ferramentas, mudar os métodos, priorizar a humanização do processo, para não ficar restrita à questão cognitiva, porque as prioridades eram outras, emergiam questões sociais e emocionais mais fortes, que foram relatadas anteriormente pelos alunos. Wallon não considera a intelectualidade a meta máxima da educação. "Considera-a, ao contrário, meio para a meta maior do desenvolvimento da pessoa, afinal, a inteligência tem status de parte no todo constituído da pessoa." (GALVÃO, 2008, p. 89)

Sabemos que a graduação tem os objetivos a serem alcançados, entretanto, não podemos negar a presença de sujeito integrado que vem em busca de um conhecimento que ultrapassa os limites da instituição, porque ele necessita ir além da sobrevivência no universo do trabalho, a demanda é pela experiência e na vivência, isto é, construção deste como cidadão, como pessoal.

Imagem de Gerd Altmann por Pixabay

4. CONCLUSÕES

Muito se fala a respeito desta pandemia, o que eu posso falar é do que efetivamente vivi, medos, espantos, expectativas, tristezas, alegrias, derrotas, vitórias, mas experimentei e no decorrer desta escrita estou ainda vivendo tudo isso. Fui uma das primeiras no meu círculo de amizades pessoais e profissionais a "adoentar-me" (grifo meu, pois não tive sintoma), mas antes, durante e após a minha situação acontecer, fui compartilhando das dores dos meus alunos, de parentes, de pessoas próximas, queridas, de amigos e deles próprios. A sensação era de que um terremoto tinha se abatido sobre nossas cabeças e desorganizado completamente nossas vidas. Entretanto, precisávamos seguir vivendo, mesmo isolados socialmente, algo que era impensável, absurdo, impraticável, precisava ser experimentado, na família, no trabalho, nos convívios, nas aprendizagens, nas relações professor-aluno, na formalização escolar, não poderíamos parar por completo.

Todos resistimos, cada um pelos seus motivos, pessoais, estruturais, materiais, financeiros, emocionais, enfim, os alunos tinham várias preocupações, mas as que mais atrapalhavam a fluidez do processo, eram as questões tecnológicas, as emocionais e psicológicas, pois começar um semestre com tantas incertezas foi um desafio muito grande. A mim, como docente coube a tarefa de continuar ensinando, mas agora como se fosse um recomeço, porque era tudo novo para todos nós.

Projeto Pedagógico de Curso e de Componente tinha que caminhar concomitante às mudanças, a vida não podia parar, mas sabemos que o que concerne à questão acadêmica, há necessidade de organização e controle dos conteúdos e isso estava sendo construído à luz dos problemas e não dos nossos mestres estudiosos do saber. Então, o que fazer?

Fui adaptar as ferramentas e as metodologias que já usava (seminários em grupos, projetos em grupos, debates, metodologias ativas, sala de aula invertida), aprimorar e estudar algumas tecnologias (montar grupos de whatsapp, canal no YouTube, Live, gravar vídeos, etc) e mesmo com os alunos dizendo que não daria certo, que era difícil, etc, fomos fazendo, às vezes acertávamos, outras não dava tão certo assim.

Os momentos difíceis podem e devem ser norteadores de crescimento, de superação, de enriquecimento, de interação, de adaptação, de cooperação, de ensinar e de aprender, com os erros e com os acertos e é nisto que acredito e foi nestas ideias que pautei minhas ações para dar continuidade num fazer pedagógico, acreditando que independente do que os alunos falassem, mas dando voz aos mesmos, com muito respeito e amor, eu seguisse em frente fazendo o que a experiência de longos anos, mesmo em outras condições, trabalhando com seres humanos, me permitiam hipotetizar, que esses alunos responderiam aos meus estímulos de forma positiva, aceitariam os desafios e avançariam, cada um a seu tempo e cada um de acordo com suas condições, desde que tivessem uma participação ativa no processo, fossem respeitados como seres humanos.

Não foi um semestre só de glamour, mas foi de muita aprendizagem para todos, alunos e professores, que no compartilhamento de saberes, aprenderam dialogar, socializar, responsabilizar-se e se emocionar, por si e pelo outro. Então, o saldo, muito positivo, valeu a pena.

REFERÊNCIAS

ARAGÃO, Erika; BARRETO, Osvaldo; GUIMARÃES, Jane; NATIVI-DADE, Marcio. Reflexões sobre os efeitos da pandemia na educação brasileira. UFBA-Universidade Federal da Bahia. CoVida. **Ciência, Informação e Solidariedade**. Disponível em: https://covid19br.org/main-site-covida/wp-content/uploads/2020/05/Reflexoes-educa%C3%A7%C3%A3o.pdf. Acesso em 04 jul 2020.

ARANHA, M. Lúcia de Arruda. **História da educação e da pedagogia:** geral e Brasil. 3 ed. São Paulo: Moderna, 2006.

AUSUBEL, D. P.; NOVAK, J. D; HANESIAN, H. **Psicologia educacional**. Rio de Janeiro: Interamericana, 1980.

BEHRENS, Marilda Aparecida. Projetos de aprendizagem colaborativa num paradigma emergente, In MORAN, José Manuel; MASSETO, Marcos T.; BEHRENS, Marilda Aparecida. **Novas Tecnologias e mediação pedagógica**. Campinas: Papirus, 2015.

BERGMANN, J.; SAMS, A. **Sala de aula invertida**: uma metodologia ativa de aprendizagem., 2016.

BERGMANN, Jonathan (Jon).; OVERMYER, Jerry.; WILIE, Brett. **The Flipped Class**: What It Is and What It Is Not. 2012. Disponível em: hhttp://www.thedailyriff.com/articles/the-flipped-class-conversation-689.php Acesso em: 10 jul. 2020.

BOGDAN, R.; BIKLEN, S. Investigação **Qualitativa em Educação**: uma introdução à teoria e aos métodos. Porto: Ed. Porto, 1994.

BRASIL. **Base Nacional Comum Curricular.** Brasília: MEC/Secretaria de Educação Básica, 2017.

BRASIL. Ministério da Economia. IPEA Instituto Brasileiro de Pesquisa Aplicada. **Texto para Discussão**: As Tecnologias Digitais e Seus Usos. Brasília: Rio de Janeiro, abril de 2019. ISSN 1415-4765.

BRASIL. Ministério da Educação. Gabinete do Ministro. Diário Oficial da União. **Portaria nº 343** de 17 de março de 2020. Publicado em: 18/03/2020 | Edição: 53 | Seção: 1 | Página: 39.

CHIAPETTI, Rita Jaqueline N. Pesquisa de campo qualitativa: uma vivência em geografia humanista. **GeoTextos**, vol. 6, n. 2, dez. 2010.. 139-162, 2010.

CRESWELL, J. W. **Research design**: qualitative, quantitative, and mixed methods approaches. 4ª Ed. Thousand Oaks: Sage, 2014.

DEMO. Pedro. Professor/Conhecimento. Universidade de Brasília. Disponível em: http://antigo.enap.gov.br/downloads/ec43ea4fProfessor_Conhecimento.pdf. Acesso em 09 jul 2020.

DELARI Jr., Achilles. Princípios Éticos Em Vygotsky: Perspectivas Para A Psicologia E A Educação. Nuances: estudos sobre Educação, Presidente Prudente, SP, v. 24, n. 1, p. 45-63, jan./abr. 2013. Disponível em: http://dx.doi.org/10.14572/nuances.v24i1. Acesso em: 14 jul 2020.

DEMO, Pedro. **Complexidade e Aprendizagem**: a dinâmica não-linear do conhecimento. São Paulo: Atlas, 2002.

DURAN, Débora. **Coronavírus viraliza educação on-line**. Jornal da USP. Universidade de São Paulo. Publicado: 18mar 2020. Disponível em: https://jornal.usp.br/artigos/coronavirus-viraliza-educacao-online/. Acesso em: 02 jul 2020.

FARIAS, P. A. M.; MARTIN, A. L. A. R.; CRISTO, C. S. Aprendizagem Ativa na Educação em Saúde: percurso histórico e aplicações. **Revista Brasileira de Educação Médica**, n 39, p.143-158, 2015.

FREITAS, Bruno. Educação humanizada: o saber e o fazer de cada um compartilhado por todos na arte de educar. **Ciências Hu-

manas: revista do programa de pós-graduação em educação, Frederico Westphalen, v. 1, n. 1, p.68-91, ago. 2018.

FREIRE, Paulo. **Pedagogia da autonomia**: Saberes necessários a prática educativa. 28. ed. São Paulo: Paz e Terra, 2008.

FREIRE, Paulo; SHOR, Ira. **Medo e ousadia:** o cotidiano do professor. 12. ed. Rio de Janeiro: Paz e Terra, 2008.

GALVÃO, I. **Henri Wallon**: uma concepção dialética do desenvolvimento infantil. 17 ed. Petrópolis: Vozes, 2008.

GATTI, B. A.; ANDRÉ, Marli. A relevância dos métodos de pesquisa qualitativa em educaçãono Brasil. In: WELLER, W.; PFAFF, N. (Orgs.). **Metodologias da pesquisa qualitativa em Educação:** teoria e prática. 2. ed. Petrópolis: Vozes, 2011. p. 29-38.

GIL, Antonio Carlos. **Como elaborar projetos de pesquisa.** São Paulo: Atlas, 2010.

GOLEMAN, Daniel. **Inteligência emocional**: a teoria revolucionária que redefine o que é ser inteligente. Rio de Janeiro: Objetiva, 2012.

GUERRA, A. **Problem Based Learning and Substainable Engineering Education**: Challenges for 21 st century. Thesis (Phd in Engineering), 2014, Faculty of Engineering and Science. UNESCO. Aalborg Centre for Problem Based Learning in Engineering Science and Sustainability, Department of Development and Planning, Aalborg University, Denmark, 2014.

HODGES, C. et al. The Difference Between Emergency Remote Teaching and Online Learning. **Educause**, 2020. Disponível em: http://er.educause.edu/articles/2020/3/the-difference-between-emergency-remote-teaching-and-online-learning. Acesso em: 3 jul. 2020.

HOUAISS, **Dicionário da língua portuguesa.** Disponível para assinantes UOL em: www.houaiss.uol.com.br/busca . Acesso em: 03 jul 2020.

KELLER-FRANCO, Elize.; MASETTO, M. T. Currículo por projetos no ensino superior: desdobramentos para a inovação e qualidade na docência. **Revista Triângulo**, v. 5, n. 2, p. 3-21, 2012. Disponível em: http://seer.uftm.edu.br/revistaeletronica/index.php/revistatriangulo/article/view/377. Acesso em: 20 de jun. 2020.

MASETTO, Marcos Tarciso. Inovação Curricular No Ensino Superior. Pontifícia Universidade Católica de São Paulo. Programa de Pós-graduação Educação: Currículo. **Revista e-curriculum.** ISSN: 1809-3876. São Paulo, v.7 n.2. Agosto, 2011. Disponível em: http://revistas.pucsp.br/index.php/curriculum. Acesso em: 13 jul 2020.

MATOS, Vinícius Costa. **Sala de aula invertida**: uma proposta de ensino e aprendizagem em matemática / Vinícius Costa Matos; orientador Cleyton Hércules Gontijo. -- Brasília, 2018. 142 p.

MINAYO, M. C. de S. (Org.). **Pesquisa social**: teoria método e criatividade. 17ª ed. Petrópolis, RJ: Vozes, 1994. 80 p.

MORAN, J. M. Mudando a educação com metodologias ativas. In **Convergências Midiáticas, Educação e Cidadania: aproximações jovens.** Coleção Mídias Contemporâneas. 2015. Disponível em: http://www2.eca.usp.br/moran/wp-content/uploads/2013/12/mudando_moran.pdf. Acesso em: 10 jul 2020.

MORAN, J. M.; BACICH, L. Metodologias ativas para uma aprendizagem mais profunda. In **Metodologias ativas para uma educação inovadora**: uma abordagem teórico-prática, chapter Parte I, page 238-250. Porto Alegre: Grupo A, Selo: Penso, 2018.

MOREIRA, MARCO ANTONIO. **Teorias da aprendizagem**. São Paulo: EPU, 2011.

MOSCOVICI, F. **Razão e emoção**: a inteligência emocional em questão. Salvador: Casa da Qualidade, 1997.

ORLANDI, EniPulcinelli. **Análise do discurso**: Princípios e Procedimentos. Campinas: Pontes, 2005.

REIMERS, Fernando M., Global Education Innovation Initiative, Harvard Graduate School of Education Andreas Schleicher, Directorate of Education and Skills, Organização para Cooperação e Desenvolvimento Econômico (OCDE). **Um roteiro para guiar a resposta educacional à Pandemia da COVID-19 de 2020.** Resumo 1. 30 de março de 2020.

ROSSETTO, Maria Célia. **A construção da autonomia na sala de aula**: na perspectiva do professor. Dissertação de Mestrado. Universidade Federal do Rio Grande do Sul. Porto Alegre: UFGRS, 2006. Disponível em: https://www.lume.ufrgs.br/bitstream/handle/10183/7520/000546740.pdf?sequence=1&isAllowed=y. Acesso em: 08 jul 2020.

SILVA, Frederico Augusto Barbosa da; ZIVIANI, Paula; GHEZZI, Daniela Ribas. **As Tecnologias digitais e seus usos**. 2019. Ministério da Economia Ministro. IPEA- Instituto de Pesquisa Econômicas Aplicadas,2019. Disponível em: https://www.ipea.gov.br/portal/images/stories/PDFs/TDs/td_uuu2470.pdf. Acesso em: 07 jul 2020.

UNESCO. **Building peace in the minds of men and women.** COVID-19 Educational Disruption and Response. Disponível em: https://en.unesco.org/covid19/educationresponse. Acessado em: 04 de abr 2020.

VASCONCELLOS, Celso dos Santos. **Currículo:** a atividade humana como princípio educativo 3.ed. São Paulo: Libertad, 2011.

VIANNA, Ilca Oliveira de Almeida. **Metodologia do trabalho cientifico**: um enfoque didático da produção científica. São Paulo: EPU, 2001.

VILELA, Naiara Sousa; MELO, Geovana Ferreira Melo. A contribuição do feedback para a avaliação da aprendizagem no contexto universitário. **3º Simpósio de Avaliação da Educação Superior,**

05 e 06 de setembro de 2017, UFSC-Universidade Federal Santa Catarina. Disponível em: https://repositorio.ufsc.br/bitstream/handle/123456789/179374/101_00650%20-%20ok.pdf?sequence=1&isAllowed=y. Acesso em: 09 abr 2020.

VYGOTSKY, L. S. **A formação social da mente.** São Paulo: Martins Fontes, 1991.

VYGOTSKY, L. S. Conclusiones. Futuras vias de investigación. Desarrollo de la personalidad del niño y de su concepción del mundo. In: VYGOTSKY, L. S. **Obras Escogidas.** Tomo III. 2. ed. Madrid: Visor. 1931/2000. p. 327-340.

WAINER, Jacques. **Métodos de pesquisa quantitativa e qualitativa para a Ciência da Computação.** Instituto de Computação – UNICAMP. 2019. Disponível em: http://www.pucrs.br/ciencias/viali/mestrado/mqp/material/textos/Pesquisa.pdf. Acesso em: 05 jun 2020.

ZABALZA, Miguel A. **O ensino universitário**: seu cenário e seus protagonistas. Trad. Ernani Rosa. Porto Alegre: Artmed, 2004.

AGRADECIMENTOS

Quero expressar minha Gratidão a todos os leitores e a todos que contribuíram direta ou indiretamente com este livro com um presente! Uma linda mensagem do poeta e escritor Alfredo Cuervo Barrero.

É PROIBIDO

É proibido chorar sem aprender,
Levantar-se um dia sem saber o que fazer
Ter medo de suas lembranças.

É proibido não rir dos problemas
Não lutar pelo que se quer,
Abandonar tudo por medo,

Não transformar sonhos em realidade.
É proibido não demonstrar amor
Fazer com que alguém pague por tuas dúvidas
e mau-humor.
É proibido deixar os amigos

Não tentar compreender o que viveram juntos
Chamá-los somente quando necessita deles.
É proibido não ser você mesmo diante das pessoas,
Fingir que elas não te importam,

Ser gentil só para que se lembrem de você,
Esquecer aqueles que gostam de você.
É proibido não fazer as coisas por si mesmo,
Não crer em Deus e fazer seu destino,

Ter medo da vida e de seus compromissos,

Não viver cada dia como se fosse um último suspiro.

É proibido sentir saudades de alguém sem se alegrar,

Esquecer seus olhos, seu sorriso, só porque
seus caminhos se
desencontraram,

Esquecer seu passado e pagá-lo com seu presente.

É proibido não tentar compreender as pessoas,

Pensar que as vidas deles valem mais que a sua,

Não saber que cada um tem seu caminho e sua sorte.

É proibido não criar sua história,

Deixar de dar graças a Deus por sua vida,

Não ter um momento para quem necessita de você,

Não compreender que o que a vida te dá, também te tira.

É proibido não buscar a felicidade,

Não viver sua vida com uma atitude positiva,

Não pensar que podemos ser melhores,

Não sentir que sem você este mundo não seria igual.

Alfredo Cuervo Barrero

SOBRE A AUTORA

Marlene Ribeiro Martins é Mestre em Psicologia, Professora Mestre na empresa Faculdade Fernão Dias, Professora Mestre na empresa Faculdade de Ribeirão Pires - Uniesp S.A e Psicóloga Clínica/ Psicoterapeuta na empresa PSICÓLOGA CLÍNICA E PSICOPEDAGOGA e escritora. Como Psicóloga, trabalhou 15 anos em RH e atua há 13 anos em docência do ensino superior.

Para entrar em contato, envie e-mail para contato@sstreinamentos.com

No assunto do e-mail, coloque MARLEN RIBEIRO MARTINS – SUPERAÇÃO.

Ficaremos muito felizes em receber seu feedback sobre este livro!

Sucesso!